MÉLANGES CH. APPLETON

L'ÉVOLUTION DE LA FORMULE

DES ACTIONS

FAMILIAE ERCISCUNDAE

ET

COMMUNI DIVIDUNDO

PAR

A. AUDIBERT

Professeur honoraire à la Faculté de Droit de l'Université de Lyon,
Professeur de Droit romain à la Faculté de Droit de l'Université de Paris.

LYON

A. REY, IMPRIMEUR-ÉDITEUR DE L'UNIVERSITÉ
4, RUE GENTIL, 4

1903

MÉLANGES CH. APPLETON

L'ÉVOLUTION DE LA FORMULE
DES ACTIONS
FAMILIAE ERCISCUNDAE
ET
COMMUNI DIVIDUNDO

PAR

A. AUDIBERT

Professeur honoraire à la Faculté de Droit de l'Université de Lyon,
Professeur de Droit romain à la Faculté de Droit de l'Université de Paris.

LYON

A. REY, IMPRIMEUR-ÉDITEUR DE L'UNIVERSITÉ
4, RUE GENTIL, 4

1903

L'ÉVOLUTION DE LA FORMULE

DES ACTIONS

FAMILIAE ERCISCUNDAE ET COMMUNI DIVIDUNDO

Dans le droit romain classique, le juge de l'action en partage sous sa double forme, *familiae erciscundae* et *communi dividundo*, avait deux pouvoirs : 1° celui de partager, c'est-à-dire de mettre fin à l'indivision en attribuant à chaque cohéritier ou à chaque copriétaire une part divise des biens communs; 2° celui de statuer sur les diverses obligations qui avaient pu naître pendant l'indivision entre les parties, par exemple si l'une des parties avait causé un dommage à la chose commune, ou avait fait des dépenses dans l'intérêt commun. Ce sont les deux objets de l'action en partage, ceux qu'on trouve très nettement distingués dans les textes sous les noms de *res*, ou *divisio rei*, d'une part, et de *praestationes, praestationes personales*, d'autre part[1].

Le premier de ces deux objets est évidemment aussi ancien que les

[1] Pour l'action *fam. erc.*, voy. D. 10, 2, fam. erc., 22 § 4 (Ulp.) : *familiae erciscundae judicium ex duobus constat, id est, rebus atque praestationibus, quae sunt personales actiones;* § 5 ... *praestationes ejus rei venire in familiae erciscundae judicium;* 24 pr. (Ulp.) : *ejus rei veniunt praestationes.* Pour l'action *communi dividundo*, D. 10, 3, com. div., 1 (Paul) : *communi dividundo judicium ideo necessarium fuit, quod pro socio actio magis ad personales invicem praestationes pertinet quam ad communium rerum divisionem;* 3 pr. (Ulp.) : *in communi dividundo judicio nihil pervenit ultra divisionem rerum earum quae communes sint, et si quid in his damni...*, etc. 4 § 3 (Ulp.) : *sicut autem ipsius rei divisio venit in communi dividundo judicio, ita etiam praestationes veniunt...* D. 10, 2, fam. erc. 44 pr. (Paul) : *res... et causae ex his rebus pendentes...*

actions *fam. erc.* et *com. div.* elles-mêmes. Mais le second a-t-il toujours existé? Il y a des raisons décisives de penser que le juge de ces deux actions n'a eu d'abord et pendant longtemps qu'un seul pouvoir, celui de partager. Plusieurs auteurs ont indiqué l'idée de cette évolution, qu'ils tiennent pour très vraisemblable [1]. Elle me paraît certaine.

On a fait observer que les noms de *familiae erciscundae* et *communi dividundo* donnent, à eux seuls, à penser qu'à l'origine le but unique de l'action a dû être le partage, et c'est bien ce que tend à prouver aussi la façon dont s'expriment à ce sujet les jurisconsultes classiques.

L'un d'eux, Paul, dans un des passages cités page 3, note 1 (D. 10, 3, 1), met en opposition le but de l'action *com. div.*, qui est de partager, avec celui de l'action *pro socio*, qui est de statuer sur des *praestationes*. A l'époque où il écrivait, il y avait sans doute très longtemps que l'action *com. div.* soumettait au juge les réclamations relatives aux *praestationes* ; il ne les considérait pourtant pas comme faisant l'objet propre de cette action.

On finit par admettre que, dans certain cas où il ne pouvait être question de partager, par exemple si la chose commune avait péri, l'action pourrait être intentée uniquement en vue de faire valoir des réclamations de ce genre. Mais le langage des jurisconsultes classiques montre bien qu'à leurs yeux l'action, exercée dans ces conditions, n'avait plus rien de commun avec l'ancienne action *com. div.* Non seulement ils ne parlent que d'une action utile, donnée *de praestationibus*, mais ils continuent de poser en règle générale que, s'il n'y a plus rien à partager, l'action *com.. div.* n'est pas donnée [2] : c'est là l'expression, devenue purement théorique, de l'ancien principe, en réalité disparu, qui faisait du partage l'unique but de cette action.

L'extension donnée en cette matière aux pouvoirs du juge résulte d'ailleurs et surtout de ce que nous savons du développement historique des deux formules. On ne peut pas douter qu'à une certaine

---

[1] V. notamment Eck, *Doppelseit. Klagen*, p. 99. Karlowa, *Röm. R. G.*, 2, p. 459.

[2] D. 10, 3, 6 § 1 (Ulp.). D. 10, 3, 1 (Paul) : *cessat communi dividundo judicium si res communis non sit.* C. 3,38, *commun. utr. jud.*, 9 (Diocl. et Max., 296) : *familiae erciscundae vel communi dividundo judicio ita demum, si corpora maneant communia, agi potest.*

époque les formules *fam. erc.* et *com. div.* aient été profondément modifiées, et les modifications qu'elles ont certainement subies paraissent bien avoir été en rapport direct avec le pouvoir nouveau de connaître des *praestationes*. Pour relever seulement deux faits, admis aujourd'hui sans difficulté par tous les auteurs, il est certain qu'à l'époque classique la réclamation des *praestationes* était exprimée dans nos deux actions par une *intentio ex fide bona;* on tient également ment pour certain qu'à une époque plus ancienne, sous la République notamment, la formule de ces actions ne contenait aucune *intentio* de ce genre. Ces deux faits tendent bien à prouver l'existence d'un ancien type de formule qui, faute d'une *intentio ex fide bona*, ne donnait pas au juge le pouvoir de statuer sur les *praestationes;* ils suggèrent très naturellement l'idée de rattacher ce pouvoir à la réforme qui a consisté à introduire une telle *intentio* dans la formule. Nous savons qu'au temps de Cicéron l'action *pro socio* existait déjà, en tant qu'action de bonne foi; elle fournissait dès cette époque aux copropriétaires qu'unissait un contrat de société, le moyen de se poursuivre mutuellement à raison des obligations dont ils pouvaient être tenus; n'est-ce pas pour permettre au juge de l'action en partage de statuer aussi sur de semblables réclamations qu'une *intentio* pareille à celle de la formule *pro socio* fut ajoutée ou, comme dit M. Lenel, vint s'accrocher aux formules *fam. erc.* et *com. div.?*

Ce que je me propose d'étudier, ce sont les deux sortes de formules qui ont constitué, suivant les époques, deux types d'action en partage, comportant pour le juge des pouvoirs plus ou moins étendus: la formule ancienne, qui donnait exclusivement le pouvoir de partager; la formule nouvelle, fixée dans l'Edit de Julien, qui donnait tout à la fois le pouvoir de partager et celui de statuer sur les *praestationes*. Dans les diverses tentatives de restitution qui ont été faites, c'est cette dernière formule qu'on a presque toujours exclusivement envisagée; peut-être n'est-il pas impossible de remonter à celle qui l'a précédée, et de rechercher comment le passage de l'une à l'autre a transformé nos deux actions [1].

<hr>

[1] Sur la restitution de la formule, v. Lenel, *l'Edit perp.*, trad. Peltier, I, p. 236-240. Les principales restitutions proposées avant celle de M. Lenel sont celle de Rudorff, *Edict. perp.*, §§ 71, 72, et celle de Keller, *Civ. pr.*, n. 458, la première, adoptée sur

Je ne séparerai pas dans cette étude les deux actions en partage. J'essaierai de reconstituer, en même temps, les deux formules dans leurs éléments essentiels. Leur très grande similitude me paraît justifier cette méthode.

Mais, au préalable, deux questions sont à examiner : 1° peut-on, en remontant plus haut que le système formulaire, retrouver dans les *legis actiones* la plus ancienne forme de nos deux actions ? 2° sous le système formulaire, n'y avait-il qu'une seule formule délivrée par le magistrat, ou y en avait-il autant que de parties en cause ?

I

QUESTIONS PRÉLIMINAIRES

I. Caractères de la procédure ancienne des actions *fam. erc.* et *com. div.*, à l'époque des *legis actiones*.

II. Sous la procédure formulaire, était-il délivré une seule ou plusieurs formules ?

I. Les actions *fam. erc.* et *com. div.* datent incontestablement d'une époque antérieure à l'établissement de la procédure par formules. On sait qu'au dire de Gaius la première était fondée sur la loi des Douze Tables[1] ; si la seconde est de création plus récente[2], il n'en paraît pas moins certain qu'elle existait à l'époque des *legis actiones*[3], et il serait intéressant de connaître les formes

les points essentiels, par Geib, *die recht. Natur der Actio com. div.*, 1882, p. 73 et s., la seconde, par Eck, *Doppelseitige Klag.*, p. 89 et s. V. aussi Hasse, *Rhein. Museum für Jur.*, 6, p. 172-179. Puchta, *Cursus d. Inst.*, § 167, n. i. Karlowa, *Röm. R. G.*, 2, p. 457.

[1] D. 10, 2, fam. erc. 1 (Gaius).

[2] Ce qui permet de penser que l'action *fam. erc.* est la plus ancienne, c'est d'abord son nom particulièrement archaïque ; c'est aussi ce fait qu'elle est toujours, soit dans l'Edit, soit plus tard, dans le Code de Théodose ou dans l'œuvre de Justinien, celle dont il est traité en premier lieu ; c'est enfin, comme l'observe Bekker, *Act.*, I, p. 230, que, si l'action *comm. div.* avait existé la première, elle aurait sans doute fait obstacle à la création d'une action en partage fondée sur une cause particulière d'indivision.

[3] M. Cuq *(Inst. jurid.*, 2, p. 511) conjecture qu'elle a dû être introduite au VIe siècle, au moment où se développèrent les sociétés financières.

dans lesquelles toutes deux s'exerçaient à l'origine, par voie de *legis actio*, de connaître surtout les paroles par lesquelles la demande des parties s'exprimait. Il est question de ces paroles, pour ce qui concerne l'action *fam. erc.*, dans un passage de Cicéron[1]; pour l'action *com. div.*, il y est fait une lointaine allusion dans un fragment de Paul[2], mais aucun témoignage direct ne nous apprend en quoi elles consistaient.

Toutefois, il semble bien certain que la *legis actio* appliquée aux demandes de partage a été la *legis actio per judicis postulationem*[3]. Cette proposition, très généralement admise, s'appuie d'abord sur l'impossibilité manifeste qu'il y aurait de soumettre de semblables demandes à aucune autre *legis actio*, notamment à la *manus injectio*, dont l'objet consiste nécessairement en sommes d'argent liquides, ou à l'*actio sacramenti*, qui suppose une affirmation solennelle du demandeur, solennellement contredite par son adversaire. Les actions en partage n'ont évidemment pas pour objet des sommes liquides.

D'autre part, elles n'impliquent aucune contestation entre les parties sur l'existence de leurs droits respectifs; ce ne sont pas des procès, des *lites*, mais des *jurgia*, de simples débats qui ont, en quelque sorte, un caractère amiable, et auxquels ne peuvent convenir les affirmations et les dénégations de l'*actio sacramenti*[4]. On ne voit que la *postulatio judicis* qui leur soit applicable. Ce raisonnement est confirmé par les vestiges très reconnaissables que la formule de nos actions a, comme on le verra, conservés de l'ancienne *postulatio judicis*, particulièrement dans la *demonstratio*, et aussi par un passage d'Isidore de Séville, qui paraît

---

[1] Cic., de orat., I, 56, 237 : *qui quibus verbis herctum cieri oporteat, nesciat, idem herciscundae familiae causam agere non possit. Cf.* Festus : *erctum cieri, erctum citum.* Nonius, *s. v. citum.* Les mots *erctum ciere* faisaient sans doute partie des paroles à prononcer. On a parfois, mais à tort, rattaché à la *legis actio* les mots *ercto non cito* rapportés par A. Gelle, *N. Att.*, I, 9, 12, et Servius, *Æn.*, 8, 642. V. Karlowa, *Legis Act.*, p. 143, n. 2, *Röm. R. G.*, 2, p. 913, n. 7; Pernice, *Z. Sav. Stift.*, 3, p. 71 et s.

[2] D. 10, 3, com. div., 29 § 1 (Paul). V. Cuq, *Inst. jur.*, 2, p. 511, n. 3.

[3] Girard, *Man.*, 3º éd., p. 624, n. 1; *Org. judic.*, I, p. 78, n. 2. Cuq, *Inst. jur.*, 2, p. 511, n. 3. Eisele, *Beiträge*, p. 1 et s. Geib, *Act. com. div.*, p. 7.

[4] De là l'impossibilité de voir dans les mots *ercto non cito*, une réponse négative, un refus de partager que l'une des parties opposerait à la demande de l'autre. V. *supra*, n. 1.

bien se rapporter à l'ancienne *legis actio*[1] : *communi dividundo est inter eos quibus communis res est : quae actio jubet postulantibus iis arbitrium (arbitrum) dari cujus arbitratus res dividatur.* (ORIG. 5, 25, 10.)

On admet très généralement aussi que le juge nommé à la suite de la *legis actio* était, comme il est dit dans le passage d'Isidore, un *arbiter*, un juré muni de larges pouvoirs. A l'époque de la procédure formulaire, les mots *arbiter*, *arbitrium* sont constamment employés à propos de l'action en partage[2] ; Sénèque dit formellement de l'action *fam. erc.* : *familiare jurgium non judicem, sed arbitrum requirit*[3] ; et, comme on sait que, dans la *legis actio per judicis postulationem*, les parties demandaient un juge ou un arbitre *(te proetor judicem arbitrumve postulo uti des*[4]*)*, il y a tout lieu de croire que cette *legis actio* aboutissait déjà, dans le cas de partage, à la nomination d'un arbitre. Ce caractère d'*arbitrium* paraît bien tenir, comme le prouve le passage de Sénèque, à ce qu'il s'agit ici moins d'un procès que d'un *jurgium :* on sait que l'action *finium regundorum*, la seule qui, avec l'action *fam. erc.*, soit qualifiée de *jurgium* dans les sources, était également soumise à des arbitres[5].

Entre la procédure de la *legis actio* et la formule qui l'a remplacée, il y a un rapport, un lien, que peut-être cette étude nous permettra de préciser. Ce qu'il faut éviter, c'est de rattacher à cette ancienne procédure le caractère d'action de bonne foi que certains textes de l'époque classique attribuent aux actions en partage, et qui n'a pu, dans tous les cas, leur appartenir que très tard. Une doctrine, jadis très répandue, celle de Keller[6], a cherché, il est vrai, l'origine des actions de bonne foi dans l'ancienne *judicis postulatio*, dans les *arbitria* qui existaient à l'époque des *legis actiones ;* mais la réfutation qui en a été faite, notamment par Bekker[7], paraît décisive, et ce que nous savons du développement des actions en partage

---

[1] Rudorff, *Ed. perp.*, p. 86. n. 3.
[2] V. *infra*, p. 13, n. 2.
[3] Seneca, *fragm.* 90, éd. Haase, *supplem.*, 1902, p. 33.
[4] Valerius Probus.
[5] V. Girard, *Organ. judic.*, I, p. 95, n. 4.
[6] Keller, *Civ. pr.*, § 7, 17.
[7] Bekker, *Act.*, I, p. 145, 148. Karlowa, *Legis Act.*, p. 127, et s.

ne s'accorde pas du tout avec cette théorie. Si elle était exacte, on ne s'expliquerait pas que ces actions, d'abord soumises à la procédure de la *judicis postulatio* et qui avaient le caractère d'*arbitria*, n'aient pas été, dès le début du régime formulaire, des actions de bonne foi, et qu'elles ne le soient devenues, comme on est unanime à le reconnaître, qu'à une époque de beaucoup postérieure, peut-être au IIe siècle de notre ère, peut-être même plus tard.

Après les formalités de la *legis actio*, le préteur donnait au juge-arbitre, en des termes que nous ignorons, les pouvoirs nécessaires à la réalisation du partage, et on ne conçoit guère que ces pouvoirs aient pu sensiblement différer de ceux qui résultèrent plus tard de la formule, tant que la formule tendit exclusivement au partage. Ils devaient donc comprendre, comme on le verra, le pouvoir d'adjuger et aussi celui de prononcer certaines condamnations soit au profit, soit à la charge de l'une ou de l'autre des parties. Il n'y a pas de partage possible sans que chacune des parties, contrairement à un principe général de la procédure romaine, joue tout à la fois dans l'instance le rôle de demandeur et celui de défendeur. C'est ce qu'on exprime en disant que les actions en partage sont doubles, *judicia duplicia*[1]. Ce principe, attesté à l'époque classique, tient à la nature même des choses, et on ne peut pas imaginer qu'il n'ait pas existé dès l'origine.

II. La question de savoir comment il fut appliqué sous le système formulaire est controversée. On se demande si, pour investir le juge des pouvoirs que nécessitait le caractère double de l'action, le magistrat délivrait une ou plusieurs formules. C'est un point qu'il me paraît nécessaire d'examiner avant d'aborder l'étude des diverses parties dont la formule se composait.

La plupart des auteurs admettent une formule unique, où il était dit d'adjuger au profit de l'une ou de l'autre des parties, de condamner l'une ou l'autre[2]. Certains ont, au contraire, soutenu que, suivant les principes du droit commun, chaque partie obtenait une formule où elle jouait seulement le rôle de demandeur, les autres y

[1] D. 10, 1, fin. reg., 10 (Julien). D. 10, 2, fam. erc., 2 § 3 (Ulp.); 44 § 4 (Paul). D. 10, 3, com. div., 2 § 1 (Gaius).

Girard, *Man.*, 3ᵉ éd., p, 625, n. 1. Cuq, *Inst. jurid.*, 2, p. 512, n. 1. Keller, *Civ. pr.*, n. 458. Rudorff, *Ed. perp.*, § 71, 72. Lenel, *l'Ed. perp.*, I, p. 236.

figurant comme défendeurs, et qu'il y avait ainsi autant de formules que de parties, toutes soumises naturellement au même juge[1].

Il faut reconnaître que la question n'est pas résolue par les textes. En faveur de la pluralité des formules, on a invoqué d'abord le passage de Gaius, 4, 42, qui reproduit les termes de l'*adjudicatio : Titio adjudicato;* nous aurons à étudier de près ce texte, et nous verrons que le mot *Titio,* d'où l'on a conclu que la formule ne donnait le pouvoir d'adjuger qu'au profit d'une personne seulement, n'est rien moins que sûr. Un passage de Quintilien, *Inst. or.,* 3,10, a été cité dans le même sens, et on y voit, en effet, que dans les *hereditariae lites,* le nombre des formules délivrées est égal à celui des parties en cause ; mais les actions en partage ne sont pas des *lites hereditariae,* ce sont des *jurgia ;* il s'agit ici de la pétition d'hérédité. Quant à l'autre opinion, les textes sur lesquels on l'appuie ne me paraissent pas plus décisifs : ils disent et ils prouvent que le juge pouvait adjuger au profit de l'une ou de l'autre des parties, prononcer une condamnation contre l'une ou contre l'autre, *alterum alteri condemnare*[2], que chaque partie jouait à la fois le rôle de demandeur et celui de défendeur[3], mais ils ne disent pas si ces pouvoirs du juge, si ce double rôle des parties résultaient d'une seule formule ou de plusieurs.

Ce qui porte à croire qu'il n'y en avait qu'une, c'est simplement que le partage à effectuer ne peut pas se concevoir sans que le juge ait à l'égard de tous le pouvoir d'adjuger ou de condamner, et que, par conséquent, il eût été peu naturel de séparer, dans des formules distinctes, des demandes qui, par la nature des choses, sont inséparables.

---

[1] Accarias, *Précis,* 2, 760.

[2] D. 10, 2, fam. erc., 52 § 2 (Julius) : *alterum alteri condemnandos esse;* D. 10, 3, com. div., 6§ 10 (Ulp.) : *alteri fundum, alteri usumfructum adjudicet;* 10 § 1 (Paul) : *si judex alteri usum adjudicaverit, non videatur alter.*

[3] D. 10, 2, fam. erc., 2 § 3 (Ulp.) : *In familiae erciscundae judicio unusquisque heredum et rei et actoris partes sustinet.*

II

L'ANCIENNE FORMULE

I. La *demonstratio*, visant le partage. Sa forme. Mention d'une *postulatio judicis*. Désignation des choses à partager.

II. L'*adjudicatio*. Gaius, IV, 42.

III. La *condemnatio*. Nécessité de prononcer certaines condamnations pour réaliser le partage.

IV. Absence d'une *intentio* générale, d'où dépendraient l'*adjudicatio* et la *condemnatio*. Pas d'autre *intentio* pour l'*adjudicatio* que la clause *quantum adjudicari oportet*, et pour la *condemnatio*, qu'une clause analogue : *in quantum condemnari oportet*. Absence de la clause *si non paret absolve* dans la *condemnatio*..

Ce qu'était l'ancienne formule *familiae erciscundae* ou *communi dividundo*, à l'époque où le juge était simplement chargé de faire le partage, les sources ne nous l'apprennent pas directement. S'il est possible d'en retrouver les éléments essentiels, ce ne peut être qu'en utilisant les renseignements fournis par des textes d'une époque plus récente sur les clauses de la formule qui se référaient exclusivement au pouvoir de partager, et en construisant, d'après ces données, une formule qui ne conférait pas au juge d'autres pouvoirs.

Il y a d'abord, dans la formule classique, deux clauses qu'il est impossible de ne pas faire remonter à l'ancienne formule, restreinte au pouvoir de partager, c'est : 1° la *demonstratio*, qui parlait du partage à effectuer; 2° l'*adjudicatio* qui donnait au juge le pouvoir de faire les attributions de propriété nécessaires à la réalisation du partage. C'est par elles qu'il faut commencer.

I. *Demonstratio*. — L'existence d'une première clause où il était dit qu'il s'agissait de partager l'hérédité ou les biens communs, ne paraît pas contestable. On a soutenu, cependant, qu'il n'y avait pas de *demonstratio* dans la formule des actions en partage[1], mais

---

[1] Karlowa, *Röm. R. G.*, 2, p. 457, n. 1. C'est dans l'*intentio* que M. Karlowa place la mention des choses à partager ; cette *intentio* serait ainsi conçue : *quas res paret L. Titio et S. Gaio communes esse inter eosque arbitrio tuo dividi oportere.* V. Lenel, *l'Éd. perp.*, 1, p. 239, n. 1.

cette affirmation est contredite, comme M. Lenel l'a montré[1], par l'examen des commentaires *ad edictum*. La *demonstratio* devait indiquer : 1° les noms des parties et, dans l'action *fam. erc.*, leur qualité d'héritiers ; 2° le fait qu'il s'agissait de partager l'hérédité ou les biens communs, *de familia erciscunda, de communi dividundo ;* or, on retrouve dans les fragments des commentateurs de l'édit, d'Ulpien et de Paul surtout, l'analyse très nette de ces deux mentions[2].

C'est une opinion généralement admise que la *demonstratio* rappelait la demande du juge faite par les parties en vue d'obtenir le partage. Par exemple, elle portait *quod L. Titii heredes de familia erciscunda judicem sibi dari postulaverunt* ou *quod L. Titius C. Seius de fundo communi dividundo judicem sibi postulaverunt*, ou bien encore, à supposer que celle des parties qui avait formé la demande dût être distinguée des autres : *quod C. Seius inter se et ceteros Titii heredes... postulavit*, ou *quod L. Titius inter se et Seium... postulavit*[3].

Cette rédaction n'est pas dans la forme habituelle des *demonstrationes*. Ce qui permet cependant de la tenir, quant au fond, pour assez sûre, c'est l'expression *postulare arbitrum, postulare judicem* ou *judicium*, qu'on rencontre dans plusieurs textes et qui paraît avoir en cette matière une importance technique, comme tend à le prouver notamment un passage de la loi Rubria[4]; c'est aussi l'expression *ad judicium provocare, provocatio*, plusieurs fois employée au Digeste, à propos de l'action *com. div.*, et qui éveille également

---

[1] Lenel, *l'Ed. perp.*, 1, p. 237, n. 1, 2; p. 240, n. 1, 2.

[2] Ulp... 19 *ad edit.* : pour l'action *fam. erc.*, sur le mot *heredes*, 2 pr. §§ 1-4. D. 10, 2 (Lenel, 631); sur les mots *familia erciscunda*, 2 § 5, 4, 6, 8, 10, 12, 14, 16, pr. §§ 1-3 *eod. t.* (Lenel, 632). Pour l'action *com. div.*, 4 pr. §§ 1-2. D. 10, 3 (Lenel, 638). — Paul, 23 *ad edict.*: pour l'action *fam. erc.*, sur le mot *heredes*, 25 pr. D. 10, 2 (Lenel, 380); sur *familia erciscunda*, 25 §§ 1-14. D. 10, 2 (Lenel, 381, et s.); pour l'action *com. div.*, 8 pr. § 1. D. 10, 3 (Lenel, 394). — Gaius, 7 *ad edict. provinc.*, pour l'action *fam. erc.*, 1. D. 10, 2 (Lenel, 189) ; pour l'action *com. div.*, 2 pr. D. 10, 3 (Lenel, 196).

[3] Lenel, *l'Ed. perp.*, p. 237 et n. 1 ; p. 240 et n. 1.

[4] Cic. *pro Coecina*, 7, 19: *arbitrum fam. erc. postulavit*. L. Rubria, c. 23: *qui de fam. erc... judicium sibi dari reddive... postulaverint*. Paul, *Sent.* I, 18, 1 : *Communi dividundo arbiter postulatus*. Isid., *Orig.* 5, 25, 10 *Cf.* D. 10, 3, com. div., 29 § 1 (Paul) : *posci judicem*.

l'idée d'une demande de juge[1] ; c'est enfin que les termes *postulare judicem* s'expliquent très bien comme un souvenir de l'ancienne *legis actio per judicis postulationem*.

On s'est demandé s'il y avait dans la *demonstratio, arbitrum* ou *judicem*. Les commentaires de l'Edit parlent le plus souvent d'*arbiter*, d'*arbitrium*[2] ; ils emploient parfois pourtant, comme synonyme, *judex* ou *judicium*[3], et il est certain que le mot *judex*, dans un sens large, comprend l'*arbiter*[4]. La question est donc sans grande importance. *Judicem* semble plus sûr, à cause du passage de la loi Rubria, et aussi parce que, d'après Gaius, 4, 42, l'*adjudicatio* portait *judex adjudicato*. D'après M. Lenel, c'est la tradition, remontant à l'ancienne *legis actio*, qui explique la persistance du mot *arbitrum* dans les commentaires, malgré les termes de la formule[5].

En ce qui concerne la désignation des choses à partager, il y a des difficultés, non pas pour l'action *fam. erc.*, où l'hérédité était certainement désignée par le nom du *de cujus* (par exemple *quod L. Titii heredes...*), mais pour l'action *com. div.*, et je vais m'y arrêter un instant.

La demande de partage pouvait avoir pour objet, ou une chose particulière, ou un ensemble de choses. La seconde hypothèse est peut-être la plus ancienne, celle pour laquelle fut créée l'action *com. div.*, si du moins il en a été de cette action comme de l'action *pro socio*, et peut-être est-ce celle que prévoyait expressément la formule de l'Edit. M. Karlowa l'a soutenu en se fondant sur deux textes d'Ulpien : D. 10,3, com. div., 4 § 2, et 13, où le commentaire suppose en effet une formule tendant au partage d'un ensemble de choses communes[6].

Quoi qu'il en soit, il semble naturel d'admettre que, s'il s'agissait d'une seule chose à partager, la *demonstratio* la désignait indivi-

---

[1] D. 10, 3, com. div., 2 § 1 (Gaius). D. 5, 1, de judic. 13 (Gaius), 14 (Ulp.). D. 27, 9, de reb. cor., 6 pr. (Ulp.). Il semble bien difficile de donner place à cette expression dans la *demonstratio* en même temps qu'aux mots *postulare judicem* ou *arbitrum*, comme le fait Rudorff.

[2] D. 10, 2, fam. erc., 20 pr., 44 § 8, 47 pr., 52 § 2. D. 10, 3, com. div., 4 § 1, 6 § 8, 19 §§ 1, 4. Paul, *Sent.* 1, 18, 1. *Cf.* C. J. 3, 36, 17 ; 3, 38, 2 ; 6, 20, 8.

[3] D. 10, 3, com. div., 19, §§ 3, 4. Paul, *Sent.* 1, 18, §§, 4, 5.

[4] V. Girard, *Man.*, 3ᵉ éd., p. 996, n. 3.

[5] Lenel, *l'Ed. perp.*, 1, p. 236, n. 6.

[6] Karlowa, *Röm. R. G.*, 2, p. 456.

duellement ; que, s'il s'agissait d'un ensemble de choses, elle en
donnait une désignation générale, en indiquant la cause de l'indivision, par exemple en disant qu'il s'agissait des biens légués aux
parties, ou des biens dépendant de la société formée par elles. Cette
manière de voir était, avant les travaux de M. Lenel sur l'édit,
unanimement admise. Le savant auteur la repousse [1]. Il se fonde
sur les deux textes d'Ulpien précités pour en conclure que la
demonstratio de l'action *com. div.* ne contenait aucune indication
précise, relativement aux choses à partager ; qu'elle ne les désignait
ni individuellement, ni même par la cause d'où l'indivision résultait ;
qu'elle parlait simplement de partager ce qui était indivis, *de communi dividundo*, et qu'elle soumettait ainsi au pouvoir du juge
toutes les choses dont les parties pouvaient avoir ensemble la copropriété, quelle que fût la cause de l'indivision. Si, d'un commun
accord, les intéressés voulaient exclure du partage certaines des
choses communes, ce sont les choses à exclure que la *demonstratio*
devait désigner spécialement, *nominatim*. Tel est le principe
formulé dans le premier texte d'Ulpien, D. 10,3, 4, § 2 : *in judicium
communi dividundo omnes res veniunt, nisi si quid fuerit ex communi consensu exceptum nominatim ne veniat;* et le second texte,
D. 10, 3, 13, en tire une conséquence : il porte que, si le juge de
l'action *com. div.* a omis de partager l'une des choses communes,
le partage n'en sera pas moins valable, mais l'action *com. div.*
pourra de nouveau être intentée pour faire partager ce qui a été
omis. *Si una res indivisa relicta sit, valebit utique et ceterarum
divisio, et poterit iterum communi dividundo agi de ea quae indivisa
mansit.*

La conclusion que M. Lenel tire de ces deux textes me paraît
en dépasser de beaucoup la portée. Ce que prouve le premier, c'est
que, dans le cas où il s'agissait d'un ensemble de choses communes,
il n'y avait pas de désignation individuelle des choses à partager,
et que, seules, les choses à exclure du partage avaient besoin d'être
ainsi spécifiées ; mais il n'en résulte ni que, dans ce cas, la cause de
l'indivision ne fût pas indiquée, ni que, s'il s'agissait d'une chose
particulière à partager, la *demonstratio* n'eût pas à la faire connaître. Quant à l'autre texte, il prouve que, dans la même hypothèse,

___

[1] Lenel, *l'Éd. perp.*, I, p. 239.

l'action *com. div.* pouvait être renouvelée pour faire partager les biens omis; qu'on n'appliquait donc pas rigoureusement ici le principe *bis de eadem re ne sit actio*, et cette décision s'explique par la nécessité de ne pas laisser se perpétuer l'état d'indivision ; mais rien ne démontre qu'elle tienne à ce que la première formule ne contenait aucune désignation des choses à partager[1], et les mots par lesquels se termine le texte, *communi dividundo agi de ea quae indivisa mansit*, prouvent au contraire que, dans la nouvelle action, la chose à partager était directement visée.

Rien donc ne nous oblige à croire que les Romains aient pratiqué un système aussi étrange que celui qui aurait consisté à ne désigner les choses à partager que d'une façon détournée, en indiquant celles qui ne devaient pas être comprises dans le partage. Ce qu'un tel procédé a de bizarre apparaît surtout si l'on suppose qu'il existe entre communistes des rapports d'indivision dérivant de causes différentes. Par exemple, Primus et Secundus sont copropriétaires de biens légués, et, en même temps, ils ont formé entre eux une société ; veulent-ils partager seulement les biens légués, ils n'en devront pas moins, d'après M. Lenel, demander le partage de tout ce qui leur appartient en commun, sauf à faire une réserve expresse (qui d'ailleurs ne pourrait pas en l'espèce être faite *nominatim*) concernant tous les biens dépendant de la société ; n'est-il pas plus naturel qu'ils désignent directement les biens légués, comme devant faire seuls l'objet du partage?

II. *Adjudicare*, dans le sens étroit qu'a toujours ce mot en matière de partage, c'est attribuer à tel ou tel communiste les biens jusqu'alors communs dont il aura désormais la propriété exclusive : c'est donc transférer à l'adjudicataire les parts de propriété appartenant aux autres communistes dans les biens qui lui sont attribués. C'est l'essence même du partage, et notre formule ne se conçoit pas sans une clause d'*adjudicatio* qui donne au juge un tel pouvoir.

Cette clause est ainsi formulée par Gaius, 4, 42 : *quantum adjudicari oportet, judex, Titio adjudicato.*

---

[1] Il n'y a aucun rapport entre ces deux choses. Remarquons, par exemple, que dans la *condictio*, il n'y avait aucune *demonstratio* indiquant la cause de la créance, et que cette action n'en était pas moins soumise à l'effet extinctif de la *litis contestatio*.

La désignation de l'adjudicataire, qui s'y trouve, *Titio*, a paru surprenante. Pourquoi Titius au lieu de A. Agerius ou de N. Negidius ? Pourquoi un seul adjudicataire, alors qu'il devait nécessairement y avoir autant d'adjudicataires que de copartageants ? On s'est fondé sur le mot *Titio* pour soutenir que le magistrat délivrait plusieurs formules, dont chacune ne donnait le pouvoir d'adjuger qu'au profit d'un seul. Dans l'opinion qui admet l'unité de formule, on suppose que le mot *Titio* n'est que le commencement d'une énumération, *Titio Seio*, etc., dont la suite a été omise[1], ou bien encore que le copiste, trompé peut-être par quelque abréviation, a écrit *Titio* par erreur : peut-être y avait-il *tantum*, *tt*[2], ou bien *cui oportet*, *cuio*[3]. La formule ne contenait-elle, comme l'impliquerait cette dernière conjecture, aucune indication précise de ceux au profit de qui l'adjudication pouvait être faite? Ou bien désignait-elle expressément les parties en cause, soit par leurs noms, *Titio*, *Seio*, etc., soit par le mot *utrique* ou *alterutro*, comme le pensait Savigny[4], soit en la forme admise par Keller et Rudorff, *alteri ab altero adjudicato*[5] ? Ce sont de menues questions sur lesquelles il n'est guère possible de se prononcer. La forme *ab altero*, en particulier, paraît très douteuse. Elle n'est pas d'accord avec la véritable nature de l'adjudication, comme l'a remarqué Bekker[6] : adjuger, en effet, ce n'est pas seulement attribuer à l'adjudicataire ce qui appartient aux autres dans la chose adjugée, c'est aussi lui attribuer ce qui lui appartient à lui-même dans cette chose.

Dans certaines des restitutions proposées, celles de Bekker et de Rudorff notamment, on mentionne à côté des parties, l'étranger à qui, dans le cas de licitation, la chose peut être adjugée[7], et on emprunte au texte de Gaius le nom de Titius, dont on baptise cet adjudicataire : *alteri ab altero aut Titio adjudicato*. C'est lui donner un nom qui certainement ne lui appartient pas : car la façon dont Gaius définit l'*adjudicatio (ea pars formulae qua permittitur judici*

---

[1] Huschke, *Jur. Antejust.*, 1861.

[2] Polenaar, *Gaius*, 1876.

[3] Huschke, *Jur. Antejust.*, édit. de 1867 et suiv.

[4] Savigny, *System*, 6, p. 329.

[5] Keller, *Civ. pr.*, n. 458. Rudorff, *Ed. perp.*, §§ 71, 72.

[6] Bekker, *Act.*, I, p. 231, n. 9.

[7] C. Just., 3, 37, com. div. 3. (Alexand. an 225).

rem alicui ex litigatoribus adjudicare) prouve qu'il ne s'agit que des parties elles-mêmes. Mais le nom de l'adjudicataire importe peu ; ce qui importe davantage, c'est de savoir si vraiment le juge prononçait une adjudication au profit de l'acquéreur de biens licités, ou s'il n'y avait pas simplement, dans cette opération, une vente d'un genre particulier. Cette seconde opinion est seule d'accord avec la définition que donne Gaius de l'*adjudicatio*, avec le témoignage fourni dans le même sens par les Institutes de Justinien[1], et elle n'est nullement contredite par la constitution déjà citée où il est parlé de l'admission possible des étrangers dans la licitation[2]. Le juge n'avait certainement pas à prononcer une condamnation contre l'acquéreur pour que celui-ci devînt débiteur du prix[3], il n'avait pas davantage à faire de transferts de propriété à son profit[4].

Mais laissons de côté ces discussions sur les détails de l'*adjudicatio*. Tenons-nous-en aux termes essentiels, les seuls que Gaius nous fasse connaître ; ce qu'ils ont de très remarquable, c'est la clause qui détermine le pouvoir d'adjuger. Elle exprime cette idée qu'il y a nécessité juridique *(oportet)* de faire des adjudications, et que le juge doit les faire dans la mesure même où elles sont nécessaires *(quantum adjudicari oportet)*. Ces termes paraissent bien conçus en vue de donner au juge les pouvoirs les plus larges, ceux qui conviennent à un *arbiter*[5].

En dehors de la *demonstratio* et de l'*adjudicatio*, y avait-il quelque autre clause, dans l'ancienne formule des actions en partage ? y avait-il une *condemnatio* ? une *intentio* ?

III. On a soutenu que cette formule ne donnait pas au juge

---

[1] Inst., 4, 6, de act., 20 : *permittitur judici rem alicui ex litigatoribus ex bono et aequo adjudicare...* 4,17, de off. jud., 4 : *singulas res singulis heredibus adjudicare debet...*

[2] Cette constitution ne parle d'*adjudicare* que pour ce qui est des communistes : *...unicuique sociorum adjudicentur; ...ad licitationem etiam extraneo emptore admisso...*

[3] Personne ne propose d'ajouter à la *condemnatio* de la formule une mention relative à l'adjudicataire étranger.

[4] Voir en ce sens, Accarias *Précis*, 2, n° 828.

[5] Rien n'autorise à y ajouter, comme on l'a parfois proposé, les mots *ex aequo et bono*. Cette addition a été empruntée à un passage des Institutes de Justinien (4, 6, 20), qui, en présence du texte de Gaius, ne peut avoir la moindre autorité. Keller, *Civ. pr.*, n. 458. Geib, *Act. com. div.*, p. 5-7.

d'autre pouvoir que celui d'adjuger[1]. Je crois, au contraire, qu'à toute époque elle a nécessairement dû contenir une *condemnatio*.

Que des attributions de propriété aient jamais pu être l'unique moyen de réaliser le partage, cela n'est pas admissible. On peut concevoir en théorie que la seule répartition des choses indivises donne à chacun des copropriétaires exactement ce qui doit lui revenir dans le partage ; mais pratiquement, il peut être difficile ou impossible de composer avec les biens communs des lots d'une valeur correspondant exactement aux parts de chacun ; il est le plus souvent inévitable que les uns reçoivent un peu plus, les autres un peu moins qu'ils n'auraient dû recevoir, et le pouvoir de partager implique nécessairement celui de compenser ces inégalités en obligeant les uns à payer aux autres ce qu'on appelle des soultes. La seule question est de savoir si ce pouvoir résultait de l'*adjudicatio*, et cette question, les textes la tranchent d'une manière certaine. C'est par voie de condamnation que le juge faisait naître des créances de soulte entre les parties ; de nombreux textes le démontrent[2], et rien n'autorise à supposer qu'il ait jamais pu en être autrement. Or, pour que le juge pût ainsi condamner, il fallait nécessairement qu'une clause de la formule le lui permît. Je ne vois pas que, même en ajoutant l'*adjudicatio*, comme Geib le propose, les mots *ex aequo et bono*, on arrive à justifier ce résultat, que les mots *judex adjudicato* aient jamais pu donner au juge le pouvoir de prononcer des condamnations. C'est une véritable impossibilité.

Transférer la propriété par voie d'adjudication, faire naître des créances par voie de condamnation : voilà, en somme, les deux moyens de réaliser le partage que les deux clauses fondamentales de la formule mettaient à la disposition du juge. Elles lui laissaient toute latitude d'en user comme il le jugerait nécessaire ou convenable. On sait, par exemple, qu'il pouvait attribuer à l'un la nue propriété et à l'autre l'usufruit, adjuger même à l'un la chose tout entière, à charge de payer à l'autre une somme d'argent : en ce

---

[1] Geib, *Act com. div.*, p. 7. *Contra*, Karlowa, *Röm. R. G.*, 2, p. 458, n. 2. Je n'aperçois pas nettement quelle est à ce sujet l'opinion de M. Lenel ; il semble pourtant n'admettre pour la formule ancienne qu'une *demonstratio* et une *adjudicatio* (*l'Ed. perp.*, I, p. 237).

[2] D. 10, 2, fam. erc., 27 (Paul), 29 (Paul), 52 § 2 (Julien), 55 (Ulp.). D. 10, 3, com. div., 6 § 9 (Ulp.). C., 3, 37, com. div., 3, § *cum autem regionibus...* Inst., 4, 6, 20 ; 4, 17, 5.

dernier cas, c'est uniquement d'une condamnation que résultait
l'attribution faite à l'un des communistes[1]. On sait aussi que, dans
l'action *fam. erc.*, il pouvait, bien que les créances et les dettes
fussent divisées de plein droit et par conséquent ne fussent pas
comprises dans le partage, attribuer pour la totalité telle créance
ou telle dette à l'un seul des cohéritiers ; cette attribution se faisait certainement par voie d'adjudication, mais il n'en faut pas
conclure, contrairement à ce que j'ai dit de la créance de soulte, que
l'adjudication pouvait être un moyen de faire naître des créances :
la créance ou la dette, mise au profit ou à la charge d'un seul,
demeurait, en effet, divisée entre tous, et le cohéritier ne pouvait
poursuivre ou être poursuivi, du moins pour la part des autres,
que *procuratorio nomine*[2].

IV. L'*adjudicatio* et la *condemnatio* étaient-elles précédées d'une
intentio, qui aurait exprimé le droit des parties d'exiger le partage
des biens communs, et à laquelle le pouvoir d'adjuger et celui de
condamner auraient été subordonnés ?

Si cette *intentio* a existé, comme beaucoup d'auteurs l'admettent,
en quels termes devait-elle être rédigée? Le droit des parties y
était-il présenté, comme un droit de créance *(dare, facere oportere)*,
ou comme un droit réel, ne se distinguant pas de la copropriété
elle-même? C'est le problème capital que soulève la nature des
actions en partage : étaient-elles *in rem* ou *in personam?* On peut
dire que ce problème est identique à celui de la rédaction de l'*intentio*.

Ecartons tout d'abord l'*intentio* qu'on rencontre dans les actions de
bonne foi : *quidquid paret... dare, facere oportere ex fide bona.*
On peut se demander si, à une certaine époque, une telle *intentio*
n'a pas été introduite dans la formule des actions en partage, et
pourquoi elle y a pris place; mais elle n'y figurait pas dès l'origine.
Cicéron, qui parle à plusieurs reprises de ces deux actions, ne les
cite comme *judicia bonae fidei*, ni dans la liste, très probablement
complète, qu'il donne de ces *judicia*, d'après Q. Mucius Scoevola[3],

---

[1] D. 10, 2, fam. erc., 22 § 1 (Ulp.), 55 (Ulp.).
[2] D. 10, 2, fam. erc., 3 (Gaius).
[3] Cic., *de offic.*, 3, 17, 70. M. Karlowa a soutenu que cette liste n'était pas com-

ni dans aucun des nombreux passages où il nous renseigne sur les actions de ce genre[1]. Ce qu'il dit de leur caractère essentiel, qui est de ne reposer sur aucune loi, *sine lege judiciis*, est, au moins pour ce qui concerne l'action *fam. erc.*, fondée comme on sait sur la loi des XII tables, une nouvelle raison de dire qu'elle n'était pas de bonne foi[2]; et il en résulte par voie de conséquence que l'action *com. div.* ne l'était pas davantage, car il n'y a aucune raison de penser que, sous ce rapport, leurs deux formules aient différé. C'étaient des *arbitria*, mais la notion de l'*arbitrium* et celle du *judicium bonae fidei* ne se confondent pas. D'après une doctrine qui me paraît très solidement assise, les *judicia bonae fidei* ne datent que de la procédure formulaire, et ce n'est pas pour la sanction de droits déjà munis d'actions par l'ancien *jus civile* qu'ils ont été créés.

A défaut d'une *intentio* fondée sur la bonne foi, faut-il en imaginer quelque autre où le droit d'obtenir le partage aurait été formulé, et qu'on rédigerait, soit *in rem*, c'est-à-dire en termes qui feraient dépendre directement du droit de copropriété le pouvoir de partager, soit *in personam*, comme l'*intentio* des actions de bonne foi, avec les mots *dare facere oportere*, ou *praestare oportere*, en supprimant seulement la clause *ex fide bona*, ou encore dans la forme proposée par M. Karlowa : *quas res paret.... dividi oportere* (*supra*, p. 11, n. 1).

Dans la doctrine généralement admise, on considère le droit au partage comme une véritable créance, et on ne voit par conséquent aucun obstacle à ce que ce droit ait été exprimé par des mots tels que : *dare oportere, praestare oportere, dividere oportere.* Je n'entrerai pas dans la controverse qui s'agite à ce sujet; mais, sans discuter ici la nature réelle ou personnelle de l'action, je me

---

plète, qu'il fallait, notamment, y ajouter les actions de commodat, de dépôt et de gage; mais il ne propose pas d'y faire entrer les actions en partage, *Röm. R. G.*, 2, p. 603. V. Girard, *Manuel*, 3ᵉ éd., p. 516.

[1] V. notamment Cic., *de natur. Deor.*, 3, 30, 74. Il n'y a rien à conclure de ce que, dans une lettre de Cicéron à Trebatius (*ad famil.*, 7, 12, 2), l'action *com. div.* est citée à côté de l'action *de fiducie*. V. Cuq, *Inst. jur.*, 2, p. 513, n. 1.

[2] Cic., *de off.*, 3, 15, 61. Le sens dans lequel j'entends les mots *sine lege judiciis* est celui qu'on leur donne très généralement. On en a proposé une autre traduction, très forcée, d'après laquelle ils signifieraient que, dans les actions de bonne foi, le dol est réprimé non par la loi, mais par la clause *ex fide bona*. V. Girard, *Manuel*, 3ᵉ éd., p. 519, n. 2 et les auteurs cités.

propose de montrer que, dans la formule qui tendait uniquement au partage, il n'y avait pas, il ne pouvait pas y avoir d'*intentio* générale à laquelle fussent subordonnées l'*adjudicatio* et la *condemnatio*.

Remarquons d'abord que, dans l'*adjudicatio*, telle que nous la connaissons d'après Gaius, il y a déjà une véritable *intentio*, qui conditionne et détermine le pouvoir d'adjuger : c'est la clause *quantum adjudicari oportet*. Le mot *oportet*, qui exprime la nécessité juridique c'est-à-dire le droit sur lequel la prétention des parties est fondée, est bien caractéristique d'une *intentio*. C'est en réalité une *intentio in jus*[1]. Le pouvoir d'adjuger est subordonné, par cette clause, à la condition que l'adjudication doive avoir lieu, et, par conséquent, à la condition que les parties aient le droit de réclamer le partage. Les mots *quantum adjudicari oportet* disent donc tout ce qu'il faut dire. Une *intentio* générale ne pourrait qu'exprimer la même idée ; ce serait une seconde *intentio* qui viendrait, sans aucune utilité, s'ajouter à la première et qui en reproduirait même le terme essentiel, si l'on admet que le verbe *oportet* y devait aussi figurer. Quoi de plus invraisemblable, pour qui sait avec quelle logique, avec quelle précision, avec quelle sobriété, les formules romaines étaient construites ?

S'il n'existait pas, pour ce qui concerne l'*adjudicatio*, d'*intentio* exprimant le droit au partage, il n'en pouvait pas exister non plus pour la *condemnatio*. Les condamnations prononcées afin de réaliser le partage, celles que motivait l'inégalité des adjudications faites par le juge, sont les seules dont il soit ici question ; elles n'étaient qu'une conséquence de l'usage qu'avait fait le juge de son pouvoir d'adjuger. Aussi, ne comprendrait-on pas que ce pouvoir de condamner, subsidiaire en quelque sorte et de second plan, eût été fondé sur une *intentio* exprimant le droit au partage, alors que le pouvoir d'adjuger, le plus essentiel assurément, n'y aurait pas été rattaché. Du moment qu'il y avait une *intentio* spéciale à l'*adjudicatio (quantum adjudicari oportet)*, il ne pouvait y avoir, pour la *condemnatio*, qu'une *intentio* de même genre, et il ne paraît pas

---

[1] M. Lenel lui reconnaît ce caractère. C'est, dit-il, « la partie fondamentale de l'*intentio* », celle à laquelle « le *quidquid alterum alteri praestare oportet ex fide bona* est venu plus tard s'accrocher » *(Ed. perp.*, I, p. 237).

téméraire de supposer qu'elle était conçue en termes semblables : *quantum*, ou plutôt *in quantum ob eam rem condemnari oportet.*

Les mots *in quantum condemnari oportet* ne sont sans doute pas habituels, mais ils s'expliquent comme les mots analogues *quantum adj. op.*, par cette raison qu'il s'agit ici, comme dans l'*adjudicatio*, de donner, au juge, le pouvoir de faire naître un droit. Qu'il prononce des adjudications ou qu'il condamne à une soulte, le juge opère dans les deux cas attribution d'un droit nouveau, propriété ou créance ; n'est-il pas très naturel que, pour lui donner le pouvoir de faire naître des créances de soulte, la formule ait employé des termes semblables à ceux dont nous savons qu'elle s'est servie pour lui donner le pouvoir de transférer la propriété ?

J'ajoute qu'on ne voit pas comment il eût été possible d'exprimer autrement que par *condemnari oportere* le droit d'obtenir que de semblables condamnations fussent prononcées. La créance de soulte n'existe pas au moment où l'action est intentée ; elle naîtra seulement de la condamnation, et, par conséquent, la formule ne pouvait pas subordonner le pouvoir de condamner de ce chef à l'existence d'un rapport d'obligation entre les parties. Qu'on y réfléchisse : toute *intentio* conçue dans la forme *alterum alteri dare oportere* paraîtra absolument impossible. L'*intentio* ne pouvait exprimer qu'une chose, l'obligation pour le juge de prononcer les condamnations que l'inégalité des adjudications rendrait nécessaires [1].

La même raison oblige à reconnaître que la *condemnatio* de nos deux actions présentait une autre particularité : les mots habituels *si non paret absolve* ne pouvaient pas y figurer. D'ordinaire, le juge reçoit le pouvoir de condamner si telle prétention du demandeur est justifiée, *si paret*, et on conçoit qu'il reçoive en même temps le pouvoir d'absoudre, si cette prétention n'est pas fondée, *si non paret.* Mais ici la *condemnatio* n'est pas subordonnée à la vérification d'une prétention du demandeur. Tout dépend de la façon dont le juge répartira les biens communs par voie d'adjudication. Il condamnera celle des parties à qui il aura donné plus que sa part ; mais comment

---

[1] Les mots *condemnari oportere* ont été proposés par Keller, *Civ. pr.*, n. 458, et d'après lui par Geib, *Act. com. div.*, p. 73. Mais, à la différence de ces auteurs, je les restreins à l'ancienne *condemnatio*. à celle qui, comme l'*adjudicatio*, avait pour seul but la réalisation du partage. Keller ajoute à *condemnari oportere* les mots *ex fide bona.*

et de quoi absoudrait-il l'autre partie, celle qui a reçu moins que sa part ? Dans le cas où les adjudications sont faites de telle sorte qu'il n'y a de soulte à mettre à la charge de personne, on ne voit vraiment pas ce que pourraient signifier des sentences d'absolution prononcées au profit de chacun[1].

En résumé la formule ancienne, tendant uniquement au partage, ne comprenait, après la *demonstratio* où le partage était présenté comme le seul but de l'action, qu'une *adjudicatio* et une *condemnatio*, qui ordonnaient au juge de faire les adjudications et condamnations nécessaires. Les deux clauses qui se rattachaient à ces deux parties de la formule, *quantum adjudicari oportet, in quantum condemnari oportet,* faisaient seules fonction d'*intentio*. Au lieu d'une *intentio* générale, exprimant le droit pour chaque partie d'exiger des autres le partage, chacune de ces clauses parlait simplement de la nécessité qui s'imposait au juge soit d'adjuger, soit de condamner.

Cette particularité s'explique très bien, quand on réfléchit que les actions en partage n'impliquaient aucune contestation entre les parties sur l'existence de leurs droits respectifs. C'est la raison pour laquelle on admet qu'à l'origine, sous les *legis actiones*, ces actions ne purent pas comporter la procédure du *sacramentum*, avec ses affirmations et dénégations absolues. La même raison oblige à reconnaître que, dans la formule des actions en partage, il n'y eut pas davantage à exprimer, au moyen d'une *intentio in jus* ordinaire, les prétentions des parties. Il ne s'agissait pas d'un procès, mais d'un *jurgium;* tout ce que les parties réclamaient, c'était un juge qui eût le pouvoir de partager, et on comprend très bien que la formule se contentât de dire au juge qu'il devrait prononcer les adjudications et condamnations nécessaires au partage. Par là, en même temps que par sa *demonstratio*, la formule de nos deux actions se relie étroitement aux formes de l'ancienne *legis actio*.

---

[1] Un seul auteur, à ma connaissance, a soutenu que la *condemnatio* des actions en partage ne pouvait pas contenir la clause *si non paret absolve :* c'est Hasse, *Rhein. Mus.,* 1834, t. VI, p. 178-179. Il a cherché la confirmation de cette proposition dans l'exemple de *condemnatio* que cite Gaius, 4, 43, à la fin de ce paragraphe : N^n N^m A° A° *condemnato, et reliqua, ut non adjiciatur dumtaxat X millia.* L'argument est peu solide. On ne peut démontrer ni que Gaïus ait ici en vue la *condemnatio* d'une action en partage, ni que les mots *et reliqua* ne fassent pas précisément allusion à *s. n. p. a.* L'idée de Hasse ne m'en paraît pas moins juste, en tant du moins qu'il s'agit de l'ancienne *condemnatio*.

III

LA FORMULE NOUVELLE

I. Les modifications de la formule ont-elles été précédées par un mouve-
ment de jurisprudence tendant à donner au juge le pouvoir de résoudre
certaines questions relatives aux *praestationes* ?

II. Nouvelle *demonstratio*, spéciale aux *praestationes*.

III. *Intentio in jus*, avec les mots *ex fide bona*.

IV. Impossibilité de faire dépendre de cette *intentio*, soit le pouvoir d'adjuger, soit le pouvoir de prononcer les condamnations nécessaires à la
réalisation du partage. L'*intentio ex fide bona* n'avait rapport qu'aux
praestationes.

V. Maintien des anciennes clauses *(demonstratio, adjudicatio, condemnatio)*,
relatives au partage, à côté des clauses nouvelles *(demonstratio, intentio, condemnatio)*, relatives aux *praestationes*. Indépendance des deux parties de la formule ainsi composée.

VI. Corrélation parfaite de cette distinction avec celle de la *res* et des *praestationes*. Le fr. d'Ulpien, D. 10, 2, 22 § 4, est-il interpolé ?

I. Il n'a pas été question jusqu'à présent des rapports d'obligations qui pouvaient naître pendant la durée de l'indivision, par
exemple si l'un des communistes avait retiré des profits de la chose
commune, ou s'il avait détruit et détérioré cette chose, ou s'il
avait au contraire fait des frais dans l'intérêt commun. De tels faits
pouvaient, suivant les circonstances, donner lieu à diverses actions :
à l'action *pro socio*, quand il y avait société ; aux actions *mandati*,
si l'un des communistes avait reçu des autres le mandat d'agir ; aux
actions *negotiorum gestorum*, si les conditions particulières à la ges-
tion d'affaires étaient remplies, et elles ne l'étaient à l'époque classique que s'il avait été possible au communiste de n'agir que pour son
propre compte[1] ; à certaines actions *ex delicto*, notamment à l'action
legis aquiliae[2]. Mais l'ancienne formule *fam. erc.* ou *com. div.* ne
permettait pas de soumettre au juge de semblables questions ; les
pouvoirs larges qu'elle lui donnait se restreignaient au partage.

Il n'est pourtant pas impossible que, malgré les termes de la formule, la jurisprudence soit parvenue de bonne heure à étendre dans

---

[1] D. 10, 3, com. div., 6 § 7 (Ulp.). D. 3,5 de neg. gest., 40 (Paul).
[2] D. 10, 3, com. div., 18 pr. (Paul).

une certaine mesure les pouvoirs du juge, par exemple lorsque l'un des communistes avait détruit ou endommagé par sa faute la chose commune. C'est une décision d'un jurisconsulte des derniers temps de la République, Alfenus Varus, qui peut suggérer cette conjecture : D. 10, 3, com. div., 26. *Communis servus cum apud alterum esset, crus fregit in opere : quaerebatur, alter dominus quid cum eo penes quem fuisset ageret? Respondi siquidem culpa illius magis quam casu res communis damni cepisset, per arbitrum communi dividundo recuperare.* Un esclave appartenant à deux maîtres s'est cassé la jambe en travaillant chez l'un d'eux ; le jurisconsulte à qui l'on demande comment l'autre maître pourra se faire indemniser du dommage qu'il a subi, répond en disant d'agir par l'action *com. div.*, pourvu que l'accident tienne à la faute de celui pour qui l'esclave a travaillé et non à un cas fortuit. La façon dont la question est posée et résolue semble bien prouver qu'il n'y avait pas encore dans la formule *com. div.* de clause qui donnât expressément au juge le pouvoir de condamner à raison du dommage causé. S'il a paru possible de reconnaître au juge un tel pouvoir, comme conséquence du pouvoir de partager, c'est peut-être parce que le dommage atteignait directement la chose qui faisait l'objet du partage[1].

Il n'est pas possible de savoir jusqu'à quel point la jurisprudence a pu s'engager dans cette voie. Ce qui est en tout cas certain, c'est que, de bonne heure, d'importantes modifications apportées à la formule vinrent permettre au juge de statuer, d'une manière générale, sur les rapports d'obligations qui se rattachaient à l'indivision. La théorie des *praestationes* est venue de là. Ce changement a dû se produire dès le commencement de l'Empire ; plusieurs décisions attribuées à Sabinus et à Atilicinus, à Proculus, même à Labéon[2], démontrent qu'à cette époque le pouvoir du juge des actions en partage, relativement aux *praestationes,* était déjà reconnu.

---

[1] L'idée de la *culpa in concreto* n'apparaît pas encore dans ce texte.

[2] D. 10, 3, com. div., 5 § 3 (Ulp. : citation de Labeon). 6 § 3 (Ulp. : citation de Sabinus et Atilicinus). D. 17, 2, pro socio, 38 (Paul : citation de Proculus). Peut-être, pourrait-on se demander, du moins pour la citation de Labeon, s'il ne s'agit pas d'une décision relative à l'action *pro socio*, citée par Ulpien à propos de l'action *com. div.* En tout cas, pour la décision de Proculus, il n'y a pas de doute possible : elle est relative au concours de l'action *pro socio* et de l'action *com. div.*

Voyons donc quelles nouvelles clauses ont été ajoutées à la formule.

II. On peut d'abord affirmer que l'ancienne *demonstratio*, visant le partage, a été complétée par une *demonstratio* nouvelle, spéciale aux *praestationes*, où étaient précisées les conditions nécessaires pour que le juge eût à s'occuper de telles réclamations. M. Lenel a le premier prouvé l'existence de cette clause, en montrant que les commentaires *ad edictum* s'y réfèrent manifestement[1]. Ce résultat de ses recherches me paraît acquis[2].

Pour l'action *com. div.*, il est vraisemblable que les termes de la *demonstratio* spéciale aux *praestationes* sont textuellement reproduits dans ce fragment d'Ulpien, 19 ad edict. : D. 10,3, com. div., 3 pr. *In communi dividundo judicio nihil pervenit ultra divisionem rerum ipsarum quae communes sunt, et si quid in his damni datum factumve est sive quid eo nomine aut abest alicui sociorum aut ad cum pervenit ex re communi.*

La phrase *si quid in his damni* ..., où sont résumées avec une grande concision les causes d'obligations multiples qui peuvent exister entre communistes, a tout l'aspect d'une clause de formule. Ce qui prouve qu'elle déterminait, en matière de *praestationes*, le pouvoir du juge, ce sont d'abord les divers fragments des commentaires de l'édit qui en expliquent manifestement les termes[3]. C'est aussi que, dans certains cas où les conditions ainsi formulées n'étaient pas remplies, on recourait à une action utile, c'est-à-dire qu'on modifiait la formule, pour donner au juge le pouvoir de prendre en considération tel fait dont autrement il n'aurait pas pu tenir compte. Il en était ainsi, dans l'hypothèse prévue par Ulpien,

---

[1] Lenel, *l'Ed. perp.*, 1, p. 237, n. 3, p. 240, n. 3, 4. — Ulp. 19 *ad edict.*: pour l'action *fam. erc.*, 16 §§ 4-6, 18, 20 pr., D, 10, 2 (Lenel, 633); pour l'action *com. div.*, 4 §§ 3-4, 6 pr. §§ 1-7, D. 10, 3, (Lenel, 639). — Paul, 23 *ad. ediet.*: pour l'action *fam. erc.*, 25 §§ 15-19, D. 10, 2 (Lenel, 387), pour l'action *com. div.*, 8 §§ 2-4, D. 10, 3, (Lenel, 394), 10 pr., *eod. t.* (Lenel, 395). — Gaius, 7 *ad ed. prov.*: pour l'action *fam. erc.*, 17, 19, D. 10,2 (Lenel, 192, 193); pour l'action *com. div.*, 11 D. 10,3 (Lenel, 197).

[2] La résistance de M. Karlowa sur ce point *(Röm. R. G*, 2, p. 459, n. 1) tient à ce qu'il conteste l'existence de toute *demonstratio* dans la formule, même d'une *demonstratio* relative au partage.

[3] Voyez notamment, parmi les fragments cités, D. 10,3 com. div., Paul, 8 § 2, sur *si quid damni...;* Paul, 8 §§ 3, 4, sur *si quid abest eorum...;* Ulp., 6 pr. §§ 1-2, sur *eo nomine.* Ajoutez sur *pervenerit*, D.9, 4 de nox. act., 19 pr. in f. (Paul, 22 *ad ed.).*

D. 10, 3, com. div., 6, pr.: un copropriétaire a fait des dépenses sur le fonds commun, ou a perçu les fruits, mais en croyant être dans l'indivision avec Titius, alors que l'autre copropriétaire était Seius, et Ulpien ne lui donne, à raison de cette erreur, qu'une action utile. Cette décision s'explique, si on admet que les mots *si quid eo nomine...* figuraient dans la *demonstratio;* ce sont ces mots qui s'opposaient à ce que l'action directe pût être exercée, car le propriétaire, n'ayant pas su que Seius était copropriétaire, n'a pas agi *communi nomine ;* c'est sur eux que devait porter la modification à la formule qu'implique toute action utile.

Il y avait aussi, dans l'action *fam. erc.,* certaines conditions, en dehors desquelles une condamnation relative aux *praestationes* n'était pas possible. Notamment, il était nécessaire que le fait, à raison duquel les *praestationes* étaient réclamées, se fût produit à un moment où l'hérédité était déjà acquise ; si par exemple le cohéritier avait, du vivant du testateur, soustrait à celui-ci de l'argent, cela ne regardait pas le juge de l'action *fam. erc., quia tunc nondum heres erat*[1]. Cette condition devait être exprimée dans la formule, et ce qui le prouve, c'est que, si elle n'était pas remplie, il était possible, en modifiant la formule, de donner l'action au cohéritier: cela résulte d'un texte d'Ulpien, que je vais reproduire en grande partie, malgré sa longueur et ses difficultés, parce qu'il contient peut-être comme le conjecture M. Lenel, les termes essentiels de la *demonstratio* spéciale aux *praestationes,* dans l'action *fam. erc.*

Ulp. 2 *disput.* D. 10, 2, fam. erc., 49. *Qui erat heres ex parte institutus, testatorem jussus a praetore sepelire, servum, cui erat testamento data libertas, ideo distraxit duplamque promisit, et ex ea cautione conventus praestitit : quaesitum est, an familiae erciscundae judicio consequatur, quod ex duplae stipulatione abest. Primo videamus, an hic debuerit duplam cavere. Et mihi videtur non debuisse : hi enim demum ad duplae cautionem compelluntur, qui sponte sua distrahunt : ceterum si officio distrahentis fungitur, non debet adstringi, non magis quam si quis ad exsequendam sententiam a praetore datus distrahat : nam et hic in ea conditione est, ne cogatur implere quod coguntur hi qui suo arbitrio distrahunt : nam inter officium suscipientis et voluntatem distrahentis multum interest.*

---

[1] D. 10, 2, fam. erc., 16 § 4 (Ulp.).

Quapropter re quidem integra stipulationem duplae interponere non debuit, sed decernere praetor debet esse actori adversus heredem existentem actionem ex empto, si res distracta fuisset evicta. Si autem heres erravit, et cavit, et servus perveniat ad libertatem, stipulatio committetur : quae si fuerit commissa, aequum erit utilem actionem ei adversus coheredem dari, de[ficiente di][1]recto judicio familiae erciscundae, ne in damno moretur. Nam ut familiae erciscumdae judicio agere quis possit, non tantum heredem esse oportet, verum ex ea causa agere vel conveniri quam gessit quodque admisit, posteaquam heres effectus sit : ceterum cessat familiae erciscundae actio.

Un héritier a été institué pour partie ; il a reçu du préteur l'ordre d'ensevelir le défunt. Pour s'y conformer, il a (sans pour cela faire adition d'hérédité, et toujours sans doute sur l'ordre du prêteur) vendu un esclave dépendant de l'hérédité, mais à qui la liberté avait été léguée, et il a promis à l'acheteur le double au cas d'éviction. L'éviction s'est effectivement produite, puisqu'un legs de liberté avait été fait à l'esclave ; le cohéritier, poursuivi par l'acheteur, a payé la somme promise. Pourra-t-il par l'action *fam. erc.* faire supporter aux autres cohéritiers le préjudice que lui a causé le fait d'avoir promis le double en cas d'éviction ? Ulpien pose la question, et se demande d'abord si le cohéritier qui a vendu l'esclave était obligé de fournir à l'acheteur la *cautio duplae;* non, répond-il en se fondant sur ce que ce cohéritier n'a pas agi volontairement. Il a vendu parce que l'ordre du préteur l'y contraignait. Sans doute cette vente l'expose, dans le cas d'éviction, à l'action *ex empto* [2]. Sans doute aussi puisque, se croyant obligé de promettre le double, il l'a promis, il pourra être poursuivi en vertu de cette promesse, mais ce n'est pas par l'action *fam. erc.* qu'il pourra faire supporter aux autres cohéritiers leur part du préjudice qu'il aura ainsi subi. Comme l'équité exige qu'il ait un recours contre eux, il recevra une action utile. Ce qui met obstacle à l'action directe, Ulpien le dit très nettement : « Pour que cette action soit donnée,

---

[1] La Florentine porte *defecto*. V. Mommsen, *Dig.*, et Lenel, *Paling.*, Ulp. n° 41.

[2] Il semble résulter du texte qu'un décret du préteur est nécessaire pour que l'action *ex empto* soit donnée, et qu'elle l'est comme action utile. V. Cujas, *Op.*, Paris, 7. p. 595.

il ne suffit pas qu'on soit héritier, il faut que l'une des parties ait fait ou reçu quelque chose, et que ce fait ait eu lieu après qu'elle a acquis l'hérédité. » La *demonstratio* devait exprimer cette condition en des termes dont il est probable que la phrase d'Ulpien reproduit les plus essentiels, et que M. Lenel restitue ainsi : *de eo quod ab aliquo heredum gestum admissumve sit, posteaquam heres factus sit.* C'est à cause de ces derniers mots que, dans l'espèce prévue, la vente de l'esclave ayant eu lieu sur l'ordre du magistrat et à un moment où l'héritier n'avait pas encore fait adition d'hérédité, l'action *fam. erc.* ne pouvait pas être intentée. Dans la formule utile donnée par Ulpien, ce sont ces mots, *posteaquam heres factus sit,* qui devaient subir quelque modification.

III. L'introduction d'une *demonstratio de praestationibus* est donc certaine. Elle dut nécessairement entraîner d'autres changements dans la formule de nos deux actions ; et tout d'abord, cette nouvelle *demonstratio* ne se conçoit pas sans une *intentio,* où devait être exprimé le droit que les parties prétendaient avoir aux *praestationes.*

Les passages des commentaires de l'édit où il est parlé des obligations relatives aux *praestationes,* démontrent qu'en effet la prétention des parties concernant ces obligations était formulée dans une *intentio in jus*[1]. On y voit très clairement que cette *intentio* contenait les mots *praestare oportet.* Le mot *praestare* est celui que les jurisconsultes emploient constamment pour désigner ce qui pouvait être réclamé à ce titre par les cohéritiers ou les copropriétaires[2], et on le trouve uni au mot *oportet* dans un fr. de Gaius, qui emprunte manifestement la terminologie de la formule. D. 10, 3, com. div., 11 : *is cui aliquid ex communione praestari oportet.*

Il apparaît également que cette *intentio* était rédigée comme celle des actions de bonne foi, qu'elle était *incerta* et comportait la clause *ex fide bona.* On le démontre d'abord par plusieurs textes

---

[1] On ne saurait, par conséquent, songer à faire de la nouvelle clause où M. Lenel voit avec raison une *demonstratio,* une sorte d'*intentio in factum.*

[2] V. notamment, pour l'action *fam. erc.,* D. 10, 2, fam. erc., 22, §§ 4-5 (Ulp.), 24 pr. (Ulp.), 25 § 16 (Paul), 39 § 5 (Scœvola), 44 §§ 2, 3, 8 (Paul), 52 § 1 (Julien); pour l'action *com. div.,* D. 10, 3, com. div., 1 (Paul), 4 § 3 (Ulp.), 6 §§ 1, 2 (Ulp.), 11 (Gaius), 20 (Pomp.), 25 (Jul.), etc.

du IIe et du IIIe siècle où l'action *com. div.*[1] est qualifiée d'action de bonne foi. Je crois cependant ne pouvoir faire état de ces textes ; il y a des raisons graves de les tenir pour suspects[2]. Mais en dehors de ces témoignages, les nombreuses décisions données en matière de *praestationes* par les jurisconsultes classiques suffisent à prouver que toute cette théorie a été fondée sur l'idée de bonne foi. Il serait facile de le montrer par l'examen détaillé de ces diverses décisions, par exemple de celles qui concernent la faute dont les communistes sont responsables[3], ou les intérêts dus à partir de la mise en demeure[4], et de beaucoup d'autres. D'une façon générale, toutes les obligations résultant soit du profit retiré des choses communes, soit du dommage causé à ces choses, soit des dépenses faites dans l'intérêt commun, ressemblent absolument à celles qui pouvaient naître d'un contrat de bonne foi. C'est d'ailleurs à un contrat de bonne foi qu'elles se rattachaient lorsqu'il y avait société entre les parties, et on sait qu'en ce cas, bien avant qu'elles ne fussent comprises dans l'action *com. div.*, elles furent d'abord sanctionnées par l'action *pro socio*. Lorsque le juge de l'action en partage fut appelé à en connaître aussi, ce fut avec les pouvoirs larges qui appartenaient au juge de l'action *pro socio* et qui résultaient pour lui d'une *intentio ex fide bona*. Le préteur transporta sans doute cette clause, de la formule *pro socio*, dans la formule *com. div.* La présence du mot *praestare*, que l'on constate dans l'une et dans l'autre des deux formules, accuse encore, d'une manière particulière, la ressemblance des deux *intentiones*[5].

On peut donc tenir pour certain qu'à l'époque où les pouvoirs du juge s'étendaient aux *praestationes*, la formule de nos actions contenait une *intentio ex fide bona*. Les auteurs ont toujours été unanimes à l'admettre, et l'existence, nouvellement reconnue, d'une *demonstratio*

---

[1] D. 10, 3, com. div., 24 pr. (Julien); 14 § 1 (Paul); 4 § 2 (Ulp.). Pour l'action *fam. erc.*, ce nom ne lui est jamais donné au Digeste ; on peut citer seulement C. J., 3, 36; *fam. erc.*, 9.

[2] M. Gradenwitz *(Interp.*, p. 108, n. 1) a montré que le texte de Julien 10, 3, 24 pr. est suspect d'interpolation. Les deux autres textes ne me paraissent pas plus sûrs, et j'aurai plus tard l'occasion de dire pourquoi.

[3] D. 10, 2, fam. erc., 25 § 16.

D. 10, 2, fam. erc. 18 § 3 (Ulp.). Cf. D. 22, 1, de usuris, 32 § 2.

[5] Sur le mot *praestare*, dans la formule *pro socio*, et aussi dans la formule *mandati*, v. Lenel, *l'Éd. perp.*, 2, p. 10, n. 8, p. 12. n. 4.

de praestationibus, s'accorde parfaitement avec celle d'une telle *intentio*.

IV. Mais quelle était exactement la portée de cette *intentio*?

On admet généralement et sans discussion qu'elle exprimait tous les droits qu'il s'agissait pour les parties de faire valoir, non seulement le droit aux *praestationes*, mais aussi le droit au partage. Des diverses obligations comprises dans les termes *quidquid paret...*, la principale ne serait autre que l'obligation de sortir de l'indivision. Sur cette conception de l'*intentio*, repose la doctrine si répandue d'après laquelle le droit au partage a un caractère personnel.

Sans vouloir rechercher s'il s'agit vraiment là d'un droit personnel, j'essaierai de montrer que l'*intentio ex fide bona* n'exprimait pas, qu'elle ne pouvait pas exprimer, un tel droit, mais qu'elle visait seulement la prétention des parties aux *praestationes*.

Le droit de réclamer le partage a existé de tout temps, et ce n'est pas simplement pour lui donner une expression nouvelle que l'*intentio ex fide bona* a été introduite dans la formule. Il s'agissait de soumettre au juge la question des *praestationes*. Les mots *praestare oportet*, que les sources permettent de restituer avec certitude, montrent bien le rapport qui existait entre cette question et la nouvelle *intentio*, et il me paraît impossible de donner à ces mots un sens large, dans lequel ils comprendraient le droit d'exiger le partage : l'expression *praestare* est toujours prise, en cette matière, dans un sens bien défini, par opposition au partage. Supposera-t-on qu'il y avait, à côté de *praestare*, quelque autre verbe, *dare*, *facere*, *dividere*, auquel pourrait être rattachée l'obligation de partager ? La restitution de M. Lenel n'en admet aucun. *Praestare* seul est certain. Mais surtout, si l'on examine la structure générale de la formule, on reconnaîtra l'impossibilité de rattacher à l'*intentio ex fide bona* soit le pouvoir d'adjuger, soit le pouvoir de condamner à une soulte.

Cette impossibilité résulte d'abord des termes dans lesquels l'*adjudicatio* était conçue. La clause que nous fait connaître Gaius, *quantum adjudicari oportet*, est une véritable *intentio* propre à cette partie de la formule, et il n'est pas possible que l'*adjudicatio* ait dépendu à la fois de deux *intentiones : quantum adjudicari oportet ; quidquid... praestare oportet.* Nous l'avons déjà constaté, à propos de l'ancienne rédaction de la formule, et ce qui prouve bien, dans la formule nouvelle, que l'*adjudicatio* ne dépendait pas de l'*intentio ex fide bona*, c'est qu'elle la précédait [1]. L'ordre suivi dans les commentaires *ad edictum* permet en effet de déterminer la place de l'*adjudicatio* par rapport à cette *intentio*. Si l'*intentio ex fide bona* avait été une condition générale mise à l'*adjudicatio* et à la *condemnatio*, elle aurait été suivie de l'une et de l'autre ; elle n'aurait pas été, comme on peut affirmer qu'elle l'était, intercalée entre l'*adjudicatio* et la *condemnatio*.

Quant au pouvoir de prononcer les condamnations nécessaires à la réalisation du partage, la *condemnatio* d'où il résultait ne pouvait pas plus que l'*adjudicatio* elle-même, se rattacher à une *intentio ex fide bona*. J'en ai déjà donné les raisons. Il s'agit de créances de soulte qui n'existent pas avant que le condamnation prononcée leur ait donné naissance, et dont il est par conséquent impossible que l'existence soit dès à présent, au moment où s'engage l'instance, affirmée dans la formule. De là, on l'a vu, la nécessité d'une *condemnatio* spéciale qui devait porter simplement *in quantum condamnari oportet*, et d'où les mots habituels *si non paret absolve* devaient être exclus. Pourquoi cette *condemnatio* spéciale aurait-elle disparu, lorsque le juge reçut le pouvoir de prononcer des condamnations d'un tout autre genre, fondées sur les rapports d'obligation qui avaient pu naître de l'indivision ? L'*intentio* qui s'introduisit alors dans la formule parlait de toutes les obligations dont chacune des parties pouvait être tenue envers l'autre, *quidquid paret ...alterum alteri praestare oportere*, et par cela même elle était sans application possible au cas de soulte, puisque la condamnation à une soulte n'était fondée sur aucun rapport d'obligation existant entre les parties.

Concluons donc que l'ancienne formule de l'action en partage s'est maintenue, avec les diverses clauses qui la constituaient, et qu'il y a seulement été ajouté des clauses nouvelles, destinées à donner au juge le pouvoir de tenir compte des *praestationes*. La formule ainsi complétée se composait de deux parties distinctes. L'une, la plus ancienne comprenait d'abord une *demonstratio*, où il était dit qu'il s'agissait de partager l'hérédité ou les biens communs; puis une *adjudicatio* et une *condemnatio*, qui donnaient toujours au juge le

---

[1] Lenel, *l'Éd. perp.*, p. 237, p. 240, n. 6. Girard, *Manuel*, 3e éd., p. 1001.

double pouvoir de faire les attributions de propriété et de prononcer les condamnations nécessaires à la réalisation du partage, chacun de ces pouvoirs étant déterminé par une *intentio* spéciale : *quantum adjudicari oportet*; *in quantum condemnari oportet*. La plus récente partie de la formule contenait : 1º une *demonstratio* où étaient indiquées les diverses causes, se rattachant à l'indivision, qui avaient pu faire naître des obligations entre les parties; 2º une *intentio*, par laquelle le juge était appelé à rechercher, en tenant compte de la bonne foi, tout ce que les parties pouvaient, de ce chef, se devoir mutuellement ; 3º une *condemnatio* qui lui donnait mission de les condamner ou de les absoudre, suivant que leurs prétentions paraîtraient ou non justifiées.

Ce qu'il y a de particulier et de nouveau, dans la restitution que je propose, c'est d'abord le rapport qu'elle établit entre l'*intentio ex fide bona* et la question des *praestationes;* c'est ensuite la *condemnatio* spéciale qu'elle joint à l'*adjudicatio*, pour donner au juge le pouvoir de condamner à une soulte. Dans les autres restitutions, on oppose à l'*adjudicatio* une *condemnatio* unique, qui donnerait au juge le pouvoir de prononcer des condamnations de toutes sortes, fondées aussi bien sur l'inégalité des adjudications que sur l'existence d'obligations entre les parties. J'admets au contraire deux *condemnationes*, l'une qui s'ajoute à l'*adjudicatio* pour compléter le pouvoir de partager ; l'autre, qui est étrangère au partage, et n'a trait qu'aux obligations réciproques mentionnées dans l'*intentio*.

V. L'existence de la première de ces *condemnationes* n'est pas seulement fondée sur les nécessités logiques de la construction de la formule et sur les vraisemblances de son développement historique; elle est en outre confirmée par l'ordre suivi dans les commentaires de l'Edit. Je relève, en effet, dans ceux d'Ulpien et de Paul, plusieurs décisions, concernant la condamnation à une soulte, qui suivent immédiatement la partie du commentaire où il est traité de l'*adjudicatio* ou se confondent avec elle.

Au livre 19 *ad ed.* d'Ulpien, il est traité de l'*adjudicatio* : 1º pour l'action *fam. erc.*, dans les fr. 20 §§ 1-9, 22 pr. §§ 1-3, D. 10, 2 (Lenel, 634, 635); 2º pour l'action *com. div.*, dans les fr. 6 §§ 8-10, D. 10, 3 (Lenel, 640); or, je remarque que, dans ce dernier texte, 6 § 9, il s'agit de la condamnation à prononcer dans le cas où un esclave, appartenant à deux maîtres, a été adjugé, pour le tout naturellement, à l'un d'eux : hypothèse compliquée par cette circonstance que l'un avait donné en gage à l'autre sa part dans l'esclave commun.

Même observation, sur le livre 23 *ad ed.* de Paul. Pour ce qui concerne l'action *fam. erc.*, le fr. 25 §§ 20-21, D. 10, 2 (Lenel, 388) se rapporte à l'*adjudicatio ;* or, la décision qui suit immédiatement, dans le § 22, est relative à une condamnation, motivée par un legs *per praeceptionem* d'une nature particulière[1]. De même, en ce qui concerne l'action *com. div.*: le fr. 10, § 1, D. 10, 3, qui se rapporte à l'*adjudicatio*, est immédiatement suivi d'un § 2, relatif à la *condemnatio* (Lenel, 396).

Ces remarques ont d'autant plus de portée que, dans la formule, l'*adjudicatio* était placée, comme on l'a vu, avant l'*intentio*, par conséquent avant la *condemnatio* dont celle-ci était suivie. On ne s'expliquerait donc pas que les commentateurs de l'édit aient traité de la *condemnatio* en même temps que de l'*adjudicatio* ou aussitôt après avoir parlé de celle-ci, s'il n'y avait pas eu dans la formule une *condemnatio* spéciale, jointe à l'*adjudicatio*, qui permettait de prononcer les condamnations nécessaires à la réalisation du partage ; et en effet, c'est toujours à des condamnations de ce genre que se rapportent les décisions qui ont été signalées.

Il faut donc renoncer à unir dans une seule *intentio*, dans une seule *condemnatio*, les causes si essentiellement différentes qui pouvaient motiver les condamnations à prononcer par le juge de l'action en partage. Ces causes étaient distinguées aussi nettement que possible dans les deux *demonstrationes* dont la coexistence est aujourd'hui bien établie, et je ne fais en somme que tirer la conséquence de la découverte due à l'illustre auteur de « l'*Edictum perpetuum* », lorsque je divise la formule en deux parties dont chacune de ces *demonstrationes* est la base. Il y avait en réalité deux formules distinctes, matériellement unies sans doute, mais indépendantes au fond, l'une *de re*, l'autre *de praestationibus*, et l'évolution en cette matière a simplement consisté à ajouter la seconde à la première.

---

[1] Ce n'est pas d'une question de *praestationes* qu'il s'agit ici, malgré le mot *praestare* qu'emploie Paul. On sait en effet qu'en règle générale c'est par voie d'*adjudicatio* que le legs *per praeceptionem* s'exécute : Gaius, 2, 220 : *officio enim judicis id contineri ut ei quod per praeceptionem legatum est adjudicetur.*

VI. Cette distinction correspond exactement à celle que font les textes entre la *res* et les *praestationes*, et qui m'a fourni le point de départ de cette étude[1]. L'opinion courante voit là une simple opposition entre le pouvoir d'adjuger et le pouvoir de condamner. Mais tout le partage n'est pas dans l'*adjudicatio* ; condamner à une soulte, c'est encore partager ; et on ne voit nulle part que les dettes de soulte fassent partie des *praestationes*.

L'un des textes qui font cette opposition entre la *res* et les *praestationes* y rapporte, en termes aussi formels que possible, une division de la formule en deux parties. C'est le fragment d'Ulpien où il est dit : *familiae erciscundae judicium ex duobus constat, id est, rebus atque praestationibus, quae sunt personales actiones.* D. 10, 2 fam. erc., 22 § 4.

Comment dire plus nettement que la formule comprend deux parties *(constat ex duobus)*, l'une relative au partage, l'autre aux *praestationes*, et que celle-ci est une sorte d'action distincte, ayant, puisqu'il s'agit d'obligations réciproques, le caractère d'une action personnelle *(quae sunt personales actiones)*?

On admet très généralement que ce texte a été altéré, et Savigny le pensait déjà[2]. C'est l'opinion de Mommsen, dans son édition du *Digeste*, c'est celle de Lenel, dans sa *Palingenesia* (Ulp., 636). Le mot *actiones* leur paraît à tous deux inadmissible. Ils y voient une glose et proposent de l'effacer. Le très regretté Pernice s'y refusait, parce que la traduction des Basiliques confirme la leçon *personales actiones*[3] ; mais il ajoutait que, le mot *actiones* fût-il écarté, la phrase d'Ulpien ne prendrait pas pour cela un sens raisonnable : elle lui paraissait, d'un bout à l'autre, suspecte d'interpolation[4].

Peut-être semblera-t-il téméraire de défendre, contre de telles autorités, la sincérité du texte d'Ulpien. Qu'on remarque cependant qu'avec la formule que je propose toute raison de mettre en doute cette sincérité disparaît.

La principale objection, la seule sérieuse à mon avis, porte sur le mot *actiones*. On juge impossible que de simples réclamations

---

[1] *Supra*, p. 3, et n. 1.

[2] Savigny, *System*, V, p. 89, n. y.

[3] *Basil.*, 42, 3, 22 : τουτέστι πραγμάτων καὶ δαπανημάτων, ἤγουν προσωπικῶν ἀγωγῶν, Sch. 5 : τὰ κατὰ τῶν προσώπων ἐγκλήματα.

Z. d. Sav. Stift., 1898, p. 171, n. 3. V. aussi Bekker, *Act.*, I, p. 232, n. 13.

accessoires au partage aient pu être qualifiées par Ulpien d'actions personnelles. Une telle qualification serait en effet très bizarre, si ces réclamations n'avaient pas été formulées d'une façon toute particulière, si elles avaient été confondues avec la demande en partage dans les termes généraux d'une *intentio* unique. Mais qu'on admette qu'elles faisaient, à elles seules, l'objet d'une *demonstratio*, d'une *intentio*, d'une *condemnatio* distinctes; qu'on reconnaisse qu'il y avait ainsi, pour les faire valoir, une véritable action *in personam*, jointe à la demande en partage proprement dite, et l'on comprendra que, pour en donner une idée, Ulpien ait ajouté : « ce sont des actions personnelles ». Le pluriel se comprend très bien, puisque les prétentions de toutes les parties étaient en même temps contenues dans la formule. Il faut donc se garder d'effacer le mot *actiones*. Ainsi mutilée, la petite phrase *quae sunt personales actiones* perdrait toute sa signification.

Les autres marques d'interpolation qui ont été relevées n'ont rien de fondé. L'antithèse des deux termes *res* et *praestationes* serait absurde, d'après Pernice, et il y aurait à conjecturer qu'Ulpien disait plutôt : *constat ex (in) rebus adjudicandis et rerum praestationibus*. Je me borne à renvoyer aux textes déjà cités, où les mots *res* et *praestationes* se font antithèse, et à répéter qu'en parlant de la chose à partager, *res*, par opposition à *praestationes*, ces textes ont en vue, non pas seulement les transferts de propriété à effectuer, mais le partage en général, avec les adjudications et aussi les condamnations qu'il comporte. Pour ce qui est du style, Pernice pense qu'un classique aurait écrit *scilicet* au lieu de *id est*, et il semble dire que *constat in* serait préférable à *constat ex*. Le prétendu défaut de latinité de ces deux expressions est absolument contestable[1]. J'en donnerai pour seule preuve ce passage de Cicéron, où les deux expressions incriminées se trouvent réunies, *de offic.*, 1, 44, 157 : *ea virtus quae* CONSTAT EX *hominibus tuendis*, ID EST *ex societate generis humani*.

Constatons la faiblesse de ces critiques, en même temps que l'impuissance où l'on est de trouver une raison quelconque au remanie-

---

[1] V. les mots *is* et *constare* dans les dictionnaires latins, par exemple de *Freund* ou de *Forcellini*. *Constare ex* se rencontre beaucoup plus fréquemment que *constare in* dans les meilleurs auteurs.

ment que les compilateurs auraient fait subir au texte d'Ulpien, et concluons que ce texte doit être retenu, comme exprimant formellement l'indépendance des deux parties de la formule.

Il en est l'expression théorique la plus nette ; mais les textes en fourniraient, je crois, beaucoup d'autres preuves, si l'on entreprenait d'étudier d'une façon générale les actions *fam. erc.* et *com. div.*, en vue de déterminer les conséquences que ce principe a dû produire sur leurs caractères essentiels. On pourrait montrer que la distinction des deux parties de la formule, concernant la *res* ou les *praestationes*, se révèle dans la pratique romaine par ce fait que les communistes pouvaient, soit agir *de praestationibus* sans réclamer le partage, soit demander le partage en s'abstenant de toute réclamation relative aux *praestationes*. On pourrait aussi aborder l'étude des questions capitales que soulève la nature des actions en partage, envisagées soit comme actions doubles, soit comme actions de bonne foi, soit comme actions mixtes *tam in rem quam in personam*, et soutenir que la distinction proposée fournit une solution très satisfaisante des difficultés qui, à ces divers points de vue, ont toujours divisé les romanistes. Je ne puis qu'indiquer ainsi, en terminant, les diverses directions où il me paraît possible de chercher la confirmation de ce modeste essai, trop peu digne du maître éminent et de l'ami très cher à qui il est dédié.